Impressum

Herausgeber: AVA-Agrar Verlag Allgäu GmbH
Porschestraße 2
87435 Kempten/Allgäu
Tel.: 0831/57142-0
Fax: 0831/79008

Redaktion: Andrea Kiechle / Eva Dietz

Layout + Grafik: Beate Rinninger

Kartengrundlage: Zumstein- Wanderkarten
des AVA-Agrar Verlag GmbH

Druck: KKW-Druck GmbH,
Heisinger Str. 17, 87437 Kempten

ISBN: 978-3-944321-09-7

Legende:

 Das Ausflugsziel ist direkt mit dem Auto erreichbar.

 Das Ausflugsziel ist nicht direkt mit dem Auto erreichbar, der Fußmarsch ist aber unerheblich und liegt unter 5 Minuten.

 Das Ausflugsziel ist nur zu Fuß erreichbar.

 Das Ausflugsziel ist direkt mit öffentlichen Verkehrsmitteln erreichbar.

 Das Ausflugsziel ist entweder mit öffentlichen Verkehrsmitteln, oder zu Fuß, oder direkt mit dem Auto erreichbar.

Bei Wanderwegen und Schluchten beziehen sich die Symbole selbstverständlich nur auf den Beginn des Weges und nicht auf die Wanderung selbst.

Spielplätze

Museen

Bergbahnen

Tiere

Freibäder

Erlebnisbad

Naturerlebnis

Freizeitspaß

Erlebniswege

Alpen

Ausflugsziel

Ausflugsziel

Inhaltsverzeichnis

1 Themenspielplätze

Anfahrt/Lage

Die Spielplätze sind über das ganze Gemeindegebiet von Pfronten in den unterschiedlichen Ortsteilen verteilt.

Öffnungszeiten

frei zugänglich

Kurze Beschreibung

Ein Spielplatzkonzept der ganz besonderen Art findet sich auf dem Gemeindegebiet Pfronten: 11 Themenspielplätze auf das gesamte Gemeindegebiet verteilt bieten grenzenlosen Spiel- und Abenteuerspaß für die Kinder.

Die Spielplätze (Ortsteile) sind unter anderem:
- Märchenspielplatz (Steinach)
- Abenteuerspielplatz Schatzinsel (Heitlern)
- Regenbogenspielplatz (Röfleuten)
- mittelalterlicher Burgenspielplatz (Ried)
- Zirkusspielplatz (Ried)
- Planetenspielplatz
- Räubernest (Kappel, nahe Hochseilgarten)

Besonderes

Im Vilstal unmittelbar am Wildbach steht ein Spielplatz mit offizieller Grillstelle zur Verfügung (Genehmigung/Anmeldung im »Haus des Gastes« eforderlich, Tel. 08363 / 698-88)

weitere Infos/Kontakt unter...

Pfronten Tourismus • Vilstalstraße 2 • 87459 Pfronten
Tel.: +49 (0)8363 / 69839
www.pfronten.de

Foto: Pfronten Tourismus

2 Automomuseum Busch

Anfahrt/Lage

In Wolfegg gelegen. Anfahrt mit dem Auto: A96 (LI-M), Ausfahrt Waltershofen, über Kisslegg nach Wolfegg. Vom westl. Bodensee kommend über Ravensburg und Weingarten nach Wolfegg. Im Ort steht ein großer Parkplatz zur Verfügung.

Öffnungszeiten

Täglich 10 - 17 Uhr (ab 18. März 2013,
im Winter nur sonntags 10 - 17 Uhr)

Kurze Beschreibung

Machen Sie einen »nostalgischen Bummel auf der Straße der Erinnerungen«. Mit mehr als 200 Oldtimern (Autos, Motorräder, Traktoren und Wohnwagen) in zwei Gebäuden auf vier Ebenen, ist das Automuseum Busch eines der größten privaten Automuseen in Deutschland.
Das Museum wurde 1973 gegründet und hat durch das liebevolle Engagement von Automobilschriftsteller Fritz B. Busch eine ganz eigene Atmosphäre erhalten.

weitere Infos/Kontakt unter...

Automuseum Fritz B. Busch
Fritz B. Busch-Weg 1 • 88364 Wolfegg
Tel.: +49 (0)7527 / 6294
www.automuseum-busch.de

Foto: Busch

3 Bauernhaus-Museum

Anfahrt/Lage

Bahnhof Wolfegg im Stundentakt zu erreichen. Von dort 20 min. Gehzeit zum Museum. Dazu erreichbar über öffentliche Busverbindungen von größeren Gemeinden in der Nähe (Ravensburg, Weingarten, Bad Waldsee).

Öffnungszeiten

Mai-September täglich 10 - 18 Uhr;
März, April, Oktober, November Di. - So. 10 - 17 Uhr

Kurze Beschreibung

15 historische Gebäude auf einem 10 ha großen Gelände laden Groß und Klein ein zu einer Reise in die Vergangenheit. Auf den Spuren von Bauern, Mägden Knechten und Dorfhandwerkern wird die Bau-, Wirtschafts- und Kulturgeschichte Oberschwabens lebendig erfahrbar; die Besucher erhalten einen Einblick in die sich über die Jahrhunderte wandelnden Lebens- und Arbeitsverhältnisse auf dem Land.

Besonderes

Da sie am ursprünglichen Standort nicht mehr gehalten werden konnten, wurden die Gebäude teils in das Museum umgesetzt und zeugen hier von längst vergangenen Zeiten.

weitere Infos/Kontakt unter...

Bauernhaus-Museum Wolfegg
Freilichtmuseum
Vogter Str. 4 • 88364 Wolfegg
Tel. +49 (0)7527 / 9550-0
www.bauernhaus-museum.de

Foto: BauernHof.com

4 Turmuhrenmuseum

Anfahrt/Lage

Adresse siehe unten.
Sie erreichen Mindelheim über die A96
(Lindau - München): Ausfahrt Mindelheim.

Öffnungszeiten

Mittwoch und letzter Sonntag im Monat 14 - 17 Uhr
(für Führungen bitte nachfragen)

Kurze Beschreibung

Mit rund 50 Turmuhren von über 30 Herstellern aus der Zeit
von 1562 bis 1933 ist die Sammlung in der ehemaligen Sil-
vesterkirche Mindelheims die erste und reichhaltigste in der
Bundesrepublik.
Von der Giebeluhr eines Hauses bis hin zur 100 kg schweren
Turmuhr legen die Ausstellungsstücke Zeugnis ab von der
Geschichte der mechanischen Turmuhr und dem damit ver-
bundenen Handwerk und der Technik.

Besonderes

Prunkstück der Sammlung ist die barocke Konventuhr aus
Füssen. Sie wurde im Jahre 1750 kunstvoll von einem Klos-
terbruder angefertigt.

weitere Infos/Kontakt unter...

Schwäbisches Turmuhrenmuseum
ehem. Silvesterkirche
Hungerbachgasse 9 • 87719 Mindelheim
Tel. +49 (0)8261 / 6964
Fax: +49 (0)8261 / 6405

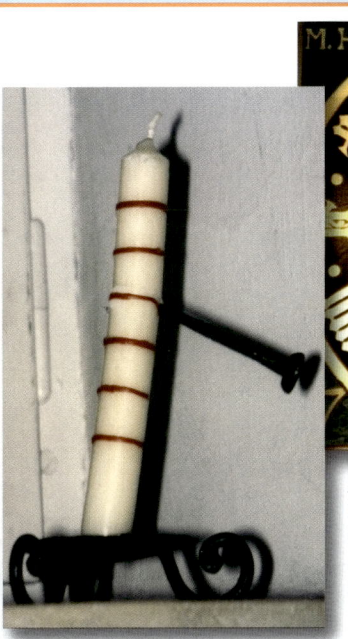

Zifferblatt einer Turmuhr mit Stunden- und Viertelstundenanzeige von 1719 (re); Kerzenwecker eines Klosterbruders. Nach dem Abbrennen fiel der Nagel in den Teller und weckten den Mönch zum Gebet (li.);

Fotos: **Wiedner**

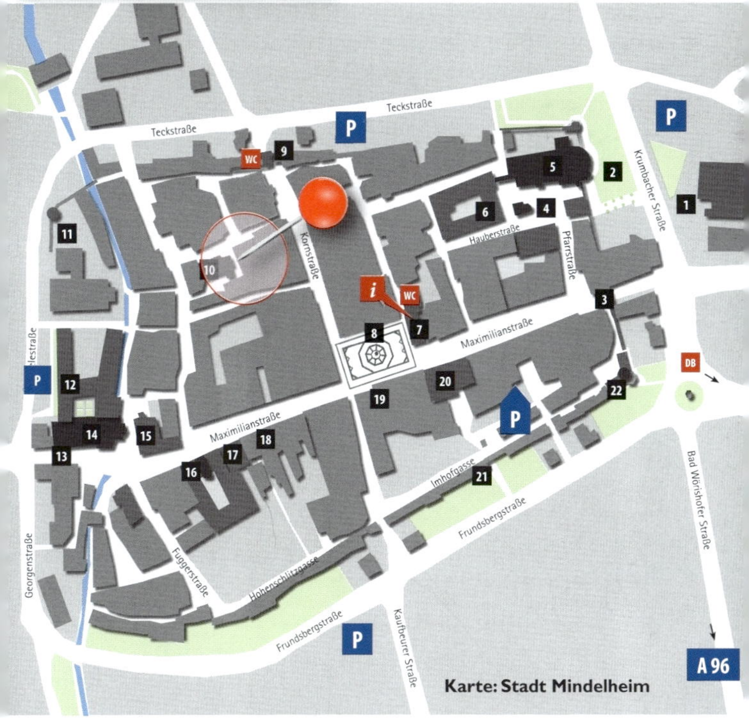

Karte: Stadt Mindelheim

5 Burgenmuseum

Anfahrt/Lage

 Ortsmitte von Zell

Öffnungszeiten

Von April bis November
Sa./So./Feiertag 14 - 17 Uhr

Kurze Beschreibung

Allen Burgenfreunden zu empfehlen ist ein Besuch des Burgenmuseums Eisenberg. Nachdem bei Erhaltungsmaßnahmen auf der Ruine Eisenberg immer mehr Funde auftraten, wurde 1985 durch den Burgenverein Eisenberg das Museum eröffnet. In elf Vitrinen und zahlreichen Schautafeln wird die Geschichte der Burg Eisenberg dokumentiert. Darüber hinaus ist ein Raum den Erhaltungsmaßnahmen der Ruine Hohenfreyberg gewidmet.

Besonderes

Errichtet wurde die Burg Hohenfreyberg 1418 - 1432 von Friedrich von Freyberg zu Hohenfreyberg, die Burg Eisenberg tritt bereits 1340 als Isenbrech auf.

weitere Infos/Kontakt unter...

Burgenmuseum Eisenberg
Dorfstr. 12
87637 Eisenberg / Zell
www.burgenmuseum-eisenberg.de

Foto: © mica - Fotolia.de

6 Bauernhofmuseum

Anfahrt/Lage

A7 (Ulm-Kempten): Ausfahrt Woringen, Richtung Woringen – Kronburg – Illerbeuren
A96 (München-Lindau): Ausfahrt Lautrach – Illerbeuren, das Museum ist aus allen Richtungen ausgeschildert.

Öffnungszeiten

März: täglich 10 - 16 Uhr
April - 15. Oktober: 9 - 18 Uhr
16. Oktober - 30. November: 10 - 16 Uhr

Kurze Beschreibung

Interessantes und Spannendes rund um die ländliche Kulturgeschichte zwischen Allgäu und Ries erwartet die Besucher im Bauernhofmuseum Illerbeuren. In 30 eingerichteten Gebäuden (Häuser und Höfe) wird hier Vergangenes wieder zum Leben erweckt.
Auf dem weitläufigen Gelände strahlt das Freilichtmuseum eine ganz eigene Atmosphäre aus.

Besonderes

Über die ganze Saison bietet das Museum erlebnisreiche Führungen (v.a. für Kindergruppen und Schulklassen) zu verschiedenen Themen an (Programm siehe Homepage).

weitere Infos/Kontakt unter...

Schwäbisches Bauernhofmuseum Illerbeuren
Museumstr. 8 • 87758 Kronburg
Tel. +49 (0)8394 / 1455 • Fax: +49 (0)8394 / 1454
www.bauernhofmuseum.de
E-Mail: info@bauernhofmuseum.de

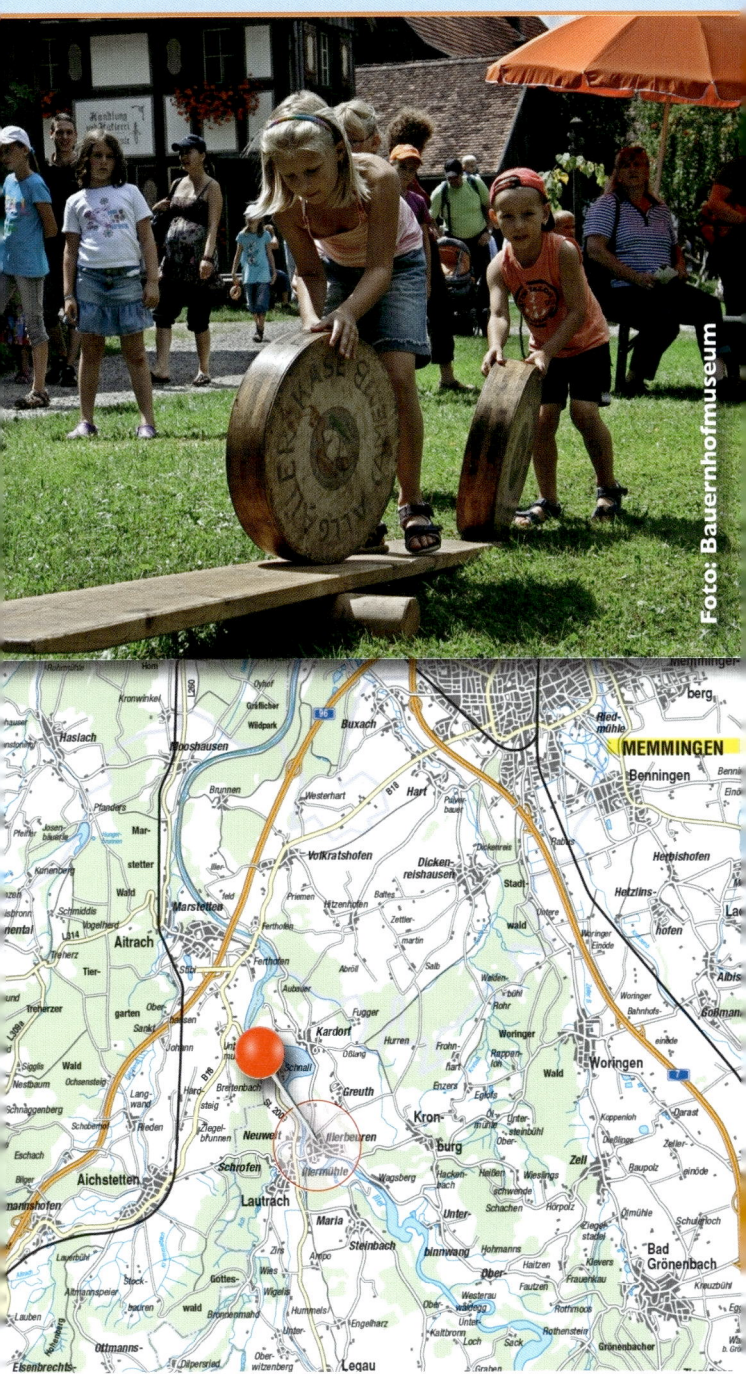

Foto: Bauernhofmuseum

Anfahrt/Lage

Adresse siehe unten.
Etwas abgelegen, finden Sie Katzbrui und die Mühle zwischen Markt Rettenbach und Dirlewang in der Nähe von Köngetried.

Öffnungszeiten

Das Gasthaus in der Mühle hat täglich ab 11 Uhr geöffnet, kein Ruhetag.

Kurze Beschreibung

Die Katzbrui-Mühle ist eine bäuerliche Getreidemühle, die 1661 errichtet wurde. Seit dieser Zeit wurden an der Bausubstanz kaum Veränderungen vorgenommen, auch die Mühleneinrichtung ist noch fast vollständig im Zustand der Modernisierung von 1866 erhalten.
Die Lebens- und Arbeitsverhältnisse der Mühlenbewohner um die Jahrhundertwende werden im Museum für Groß und Klein anschaulich dargestellt.

Besonderes

Heute befindet sich in der alten Müllerstube eine Gaststätte mit ganz besonderem Flair, die vor oder nach dem Museumsbesuch zum gemütlichen Verweilen einlädt.

weitere Infos/Kontakt unter...

Katzbrui-Mühle
Katzbrui 7 • 87742 Kongetried
Tel.: +49 (0)8269 / 575 • Fax: +49 (0)8269 / 576
www.katzbrui-muehle.de
E-Mail: info@katzbrui-muehle.de

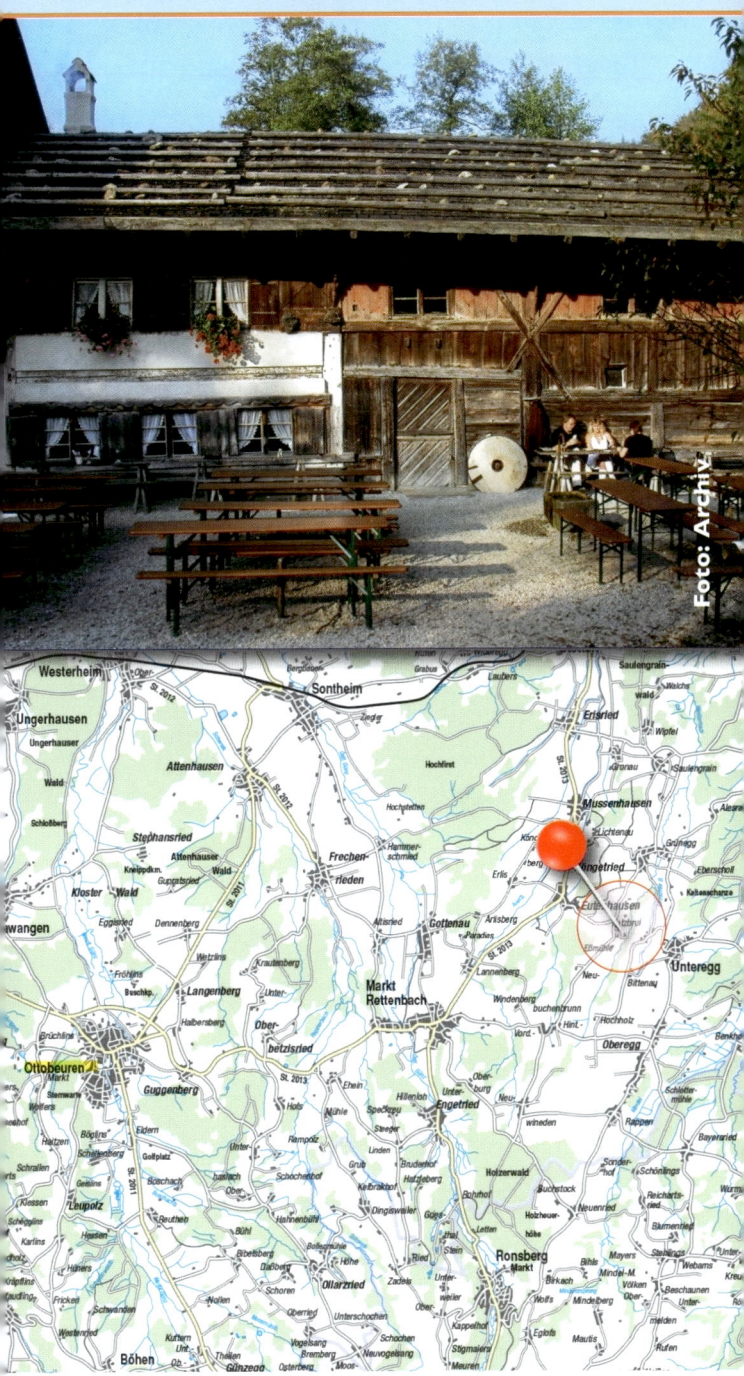

Foto: Archiv

8 Lama-Erlebnishof

Anfahrt/Lage

🅿 Gschwend bei Nesselwang

🚗 A7 Richtung Füssen: Ausfahrt Oy-Mittelberg, Richtung Nesselwang-Pfronten, kurz nach der Wertachbrücke rechts abbiegen nach Gschwend.

In Gschwend bis zur Kreuzung, rechts abbiegen zum Hof.

Termine

Termine für Lamawanderungen nach Vereinbarung.

Kurze Beschreibung

Hier können Familien mit Freunden bei einer Stunden-, Halbtages- und Mehrtagestour als Lamaführer (Llamero) die liebenswerten, ruhigen, geduldigen und nicht aufdringlichen Lamas kennenlernen. Bei den Lamatrekkingtouren werden Sie Ausgeglichenheit, Bewegung in der Natur und viel Spaß erleben.

Wer auf dem Lama-Erlebnishof sein Ferienquartier bezieht, der kann bei der Mitarbeit den Alltag der südamerikanischen Tiere hautnah erleben.

Besonderes

Auch für Kindergeburtstage sind Lamawanderungen ein tolles Erlebnis (4 - 10 Kinder, Alter: ab 8 Jahren).

weitere Infos/Kontakt unter...

Daniel Frick
Gschwend 12
87484 Nesselwang
www.nesselwang-lamas.de
Tel.: +49 (0)8361 / 643
Mobil: 0171 / 1105051

Foto: Lamaaerlebnishof

Anfahrt/Lage

🅿 Ins Tannheimer Tal gelangen Sie entweder über Sont-
hofen oder über Füssen/Pfronten. Der Vorteil: Diese
Route ist mautfrei, es besteht keine Vignettenpflicht.
Die Talstation der Wannenjoch-Bahn ist in Schattwald.

Öffnungszeiten

jeweils nur bei niederschlagsfreier Witterung
Juli - Oktober täglich von 8.45 - 16.00 Uhr

Kurze Beschreibung

Die Wannenjoch-Bahn ist Ausgangspunkt für viele Wanderungen im wohl schönsten Hochtal Europas.
Darüber hinaus ist direkt an der Bergstation der Bahn gerade
für Kinder viel geboten. Im neu eröffneten Michl's Land laden
Kletterturm, Hängebrücke, Seilbahn, Sandkasten u.v.m. mehr
zum Spiel- und Abenteuerspaß ein. Oder man genießt einfach
die atemberaubende Aussicht auf die Umgebung.

Besonderes

Eine Tour der ganz besonderen Art ist eine Wanderung auf
dem »Schmugglersteig« vom Wannenjoch zum Iseler.
Wegen seiner Grenznähe war dieser Weg ein beliebter
Schmugglerpfad, wovon auch heute noch etwas zu spüren
ist. Infos und Einstieg: Talstation Wannenjochbahn (Schattwald)

weitere Infos/Kontakt unter...

Tannheimer Bergbahnen
Bergbahnweg 12 • A- 6675 Tannheim
Tel. +43 5675 / 6260
www.tannheimer-bergbahnen.at

Foto: Wannenjochbahn

10 Freibad Kaufbeuren

Anfahrt/Lage

Direkt vor dem Bad stehen ausreichend kostenlose Parkplätze und eine Tiefgarage zur Verfügung.

Mit dem Auto: auf der B16 Richtung Mindelheim, beim Hotel »Hasen« in die Joh.-Haag-Str. einbiegen. Freibad ist zu sehen.

Öffnungszeiten

Mo. - Fr. 8 - 20 Uhr, Sa./So. 9 - 20 Uhr
(bei schönem Wetter bis 20.30 Uhr, Einlass bis 19.30 Uhr)
– ab Mitte September ist das Freibad geschlossen –

Kurze Beschreibung

Im Freibad Kaufbeuren ist für jeden was geboten: Kleinkinderbecken, Spielplatz mit Kletterhaus für die Kleinen; Sprungturm, Beachvolleyballplatz und die neue Rutsche (mit Blitzlicht, Nebel und Musik) für die Größeren.

Wer es ruhiger mag, kann im Outdoor-Wellnessbecken die Massagemöglichkeiten (Massagedüsen auf den Whirlliegen, Nackenduschen oder Schwallwasserbrausen) genießen.

Außerdem lädt die große Liegewiese zum Entspannen und Ausruhen ein.

weitere Infos/Kontakt unter...

Jordan Badepark • Berliner Platz 4 • 87600 Kaufbeuren
Tel.: +49 (0)8341 / 94680
www.baeder.kaufbeuren.de
E-Mail: jordan-badepark@kaufbeuren.de

Fotos: Freibad Kaufbeuren

11 Alpenbad Pfronten

Anfahrt/Lage

Das Freibad liegt im Pfrontener Ortsteil Meilingen. Sie erreichen Pfronten über die A7 (Füssen - Ulm), Ausfahrt Nesselwang, in Richtung Seeg/Rückholz/Roßhaupten über Nesselwang.

Öffnungszeiten

täglich 9.30 Uhr bis 20.30 Uhr

Kurze Beschreibung

Das große Außenareal des Alpenbads Pfronten mit 50-m-Freibecken, Wildwasserkanal sowie Felsen- und Großwasserrutsche lockt große und kleine Wasserratten.
Bei Regen steht gleich nebenan das Hallenbad mit zahlreichen Attraktionen zur Verfügung (Felsengrotte, Heißwasserbecken, Fitnessangebote »Aqua Power« und »Aqua Bike«...), sodass beim Familien-Badetag keine Langweile aufkommen kann.

weitere Infos/Kontakt unter...

Alpenbad Pfronten • Falkensteinweg 14 • 87459 Pfronten
Tel.: +49 (0)8363 / 92999-0
www.alpenbad-pfronten.de
E-Mail: info@alpenbad-pfronten.de

Fotos: Alpenbad Pfronten

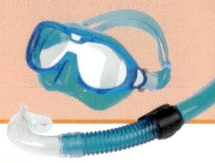

12 Jordan-Badepark

Anfahrt/Lage

🅿️ Mit dem Auto: auf der B16 Richtung Mindelheim, beim Hotel »Hasen« in die Joh.-Haag-Str. einbiegen. Badepark zu sehen. Direkt vor dem Bad stehen ausreichend kostenlose Parkplätze und eine Tiefgarage zur Verfügung.

Öffnungszeiten

ab Mitte September geöffnet:
Di. - Sa. 8 - 20 Uhr, So. + Feiert. 9 - 20 Uhr

Kurze Beschreibung

Das Hallenbad im Jordan Badepark Kaufbeuren bietet Badespaß für die ganze Familie.
Während junge und ältere Kinder sich nachmittags an den Wasserspielgeräten, mit Matten und Bällen toben, können Eltern und Erwachsene sich im Outdoor-Warmwasserbecken ausruhen.
Entspannung bieten auch die kostenlosen Infrarotkabinen und das Solarium mit angegliedertem großzügigen Ruhebereich.

weitere Infos/Kontakt unter...

Jordan Badepark • Berliner Platz 4 • 87600 Kaufbeuren
Tel.: +49 (0)8341 / 94680
www.baeder.kaufbeuren.de
E-Mail: jordan-badepark@kaufbeuren.de

Fotos: Jordan Badepark

13 Erlebnisbad Neugablonz

Anfahrt/Lage

Am Stadtrand Richtung Germaringen gelegen. Von Kaufbeuren aus auf der Sudetenstraße Richtung Pforzen. Von Pforzen aus Richtung Kaufbeuren, 50 m nach dem Ortseingang rechts befindet sich das Bad.

Öffnungszeiten

Mai: Mo. - So. 10 - 20 Uhr
Juni-August: Mo. - So. 9 - 20 Uhr
September: Mo. - So. 10 - 19 Uhr

Kurze Beschreibung

Sport, Spaß, Entspannung – egal, was man sucht, das Erlebnisbad Neugablonz lässt keine Wünsche offen. Neben Sprungturm und 50-m-Becken stehen Plätze für Beachvolleyball, Fuß- und Basketball zur Verfügung. Kinder tummeln sich im Wellenbad, Strömungskanal oder bei den Wasserkanonen.

weitere Infos/Kontakt unter...

Erlebnisbad Neugablonz
Gewerbestr. 85 • 87600 Kaufbeuren-Neugablonz
Tel.: +49 (0)8341 / 98285
www.baeder.kaufbeuren.de

Fotos: Erlebnisbad Neugablonz

14 Königliche Kristall-Therme

Anfahrt/Lage

🅿 Adresse siehen unten
Am Forggensee gelegen, erreichen Sie Schwangau
über Füssen von der A7 aus (Ausfahrt Füssen).

Öffnungszeiten

Mo. - Do./So. 9 - 22 Uhr, Fr./Sa. 9 - 23 Uhr
Di. und Fr. ab 19 Uhr textilfreies Baden!

Kurze Beschreibung

Mit Therme, Sauna und Wellnessbereich erleben die Gäste in
der Kristall-Therme Badevergnügen der besonderen Art. Be-
cken mit unterschiedlichen Salzgehalten, Strömungskanal, Na-
tronbecken und eine Edelstein-Meditationsgrotte sind nur ein
paar ausgewählte Highlights. Lassen Sie sich überraschen!

weitere Infos/Kontakt unter...

Königliche Kristall-Therme am Kurpark Schwangau GmbH
Am Ehberg 16 • 87645 Schwangau
Tel.: +49 (0)8362 / 819630 • Fax +49 (0)8362 / 819631
www.kristalltherme-schwangau.de
E-Mail: info@kristalltherme-schwangau.de

Fotos: Königliche Kristall-Therme

15 Alpspitz-Bade-Center

Anfahrt/Lage

Nesselwang erreicht man über die Ausfahrt A7 (Ulm - Füssen), Ausfahrt Nesselwang, das Alpspitz-Bade-Center ist im Ort ausgeschildert

Öffnungszeiten

Mo. - Fr. 10 - 22 Uhr
Sa./So. 9 - 22 Uhr

Kurze Beschreibung

Vom Angebot für Kinder mit dem Crazy-Bob, dem Erlebnisbecken oder den Rutschen, bis zum Ruehraum, dem Sportbecken oder dem Heißwasser-Außenbecken für die Erwachsenen. Im ABC-Bad in Nesselwang im Allgäu finden Sie Ihren Lieblingsplatz und haben die Kleinen immer im Blick. Ein ganz besonderes Erlebnis ist der Naturbadesee im Außenbereich – eine kühle Erfrischung, aber ganz natürlich!

weitere Infos/Kontakt unter...

ABC Nesselwang
Badeseeweg 11
87484 Nesselwang
Tel.: 08361 / 921620 • Fax 08361 / 921621
E-Mail: info@abc-nesselwang.de
www.abc-nesselwang.de

Foto: ABC Bad

16 Naturerlebnis Benninger Ried

Anfahrt/Lage

 🅿 Sie erreichen Benningen auf der A7, Ausfahrt Memmingen. Adresse Museum: Hauptstraße 18, 87734 Benningen.

Öffnungszeiten

Das Benninger Ried an sich ist frei zugänglich. Öffnungszeiten Museum: Fr - So, 14 - 18 Uhr, Mitte Okt. - Frühjahr geschlossen.

Kurze Beschreibung

Das ehemalige Mesnerhaus wurde zu einem Museum umgebaut und informiert Sie nun auf spannende Weise über die Naturschätze im Benninger Ried. Im Heilkräutergarten erfahren Sie mehr über die längst vergessene Hausapotheke, die schon Sebastian Kneipp sehr schätzte. Kinder erforschen und entdecken die Natur im Erlebnisgarten. Hier kommt mit Sicherheit keine Langeweile auf!

Einkehrmöglichkeit

Der Besuch im Museumscafé rundet den Tag gebührend ab.

weitere Infos/Kontakt unter...

Tel.: 08331 / 25 38
www.unterallgaeu-aktiv.de • www.benninger-ried.de
E-Mail: info@benningen-ried.de

Foto: Jan Greune/Unterallgäu...TV GmbH

Anfahrt/Lage

Bad Grönenbach erreichen Sie auf der A7 über Kempten und Dietmannsried. Der Unterallgäuer Kreislehrgarten befindet sich in der Pappenheimer Straße in Bad Grönenbach, direkt vor dem weithin sichtbaren Hohen Schloß.

Öffnungszeiten

Jederzeit zugänglich und ganzjährig geöffnet.

Kurze Beschreibung

Der Unterallgäuer Kreislehrgarten bietet seinen Besuchern Gemüse, verschiedenste Bäume, Ziersträucher, Rosen, Beeren- und Baumobst. Ein Kräuter- und ein Bauerngarten, zwei Mariengrotten und »lebende« Flechthäuser laden zum Verweilen ein. Die vorhandenen Sitzmöglichkeiten werden von Einheimischen, Kurgästen und anderen Gartenbesuchern gerne als Treffpunkt für Gespräche und zum Ausruhen genutzt.

weitere Infos/Kontakt unter...

Tel.: 08261 / 9 95 0
www.landratsamt-unterallgäu.de
E-Mail: webmaster@lra.unterallgäu.de

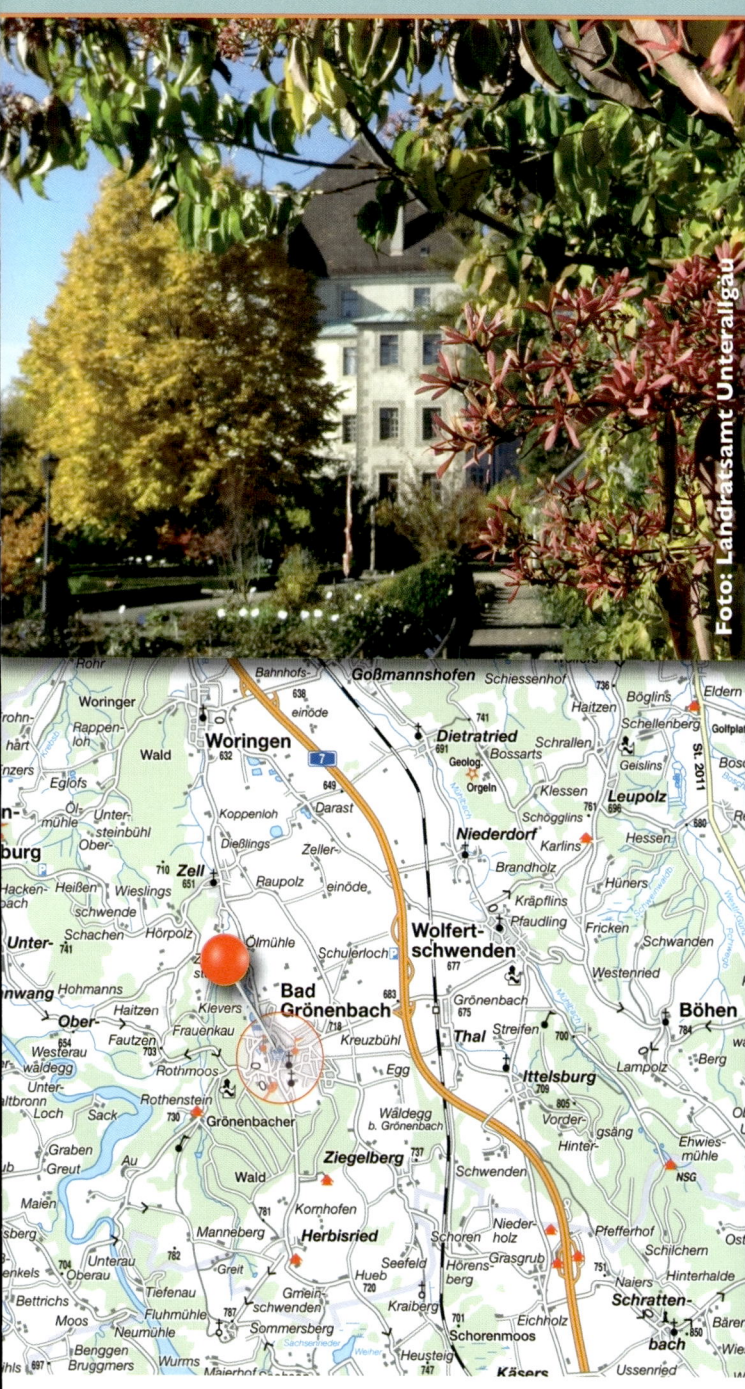

Foto: Landratsamt Unterallgäu

18 Bienenlehrpfad

Anfahrt/Lage

 Sie finden den Bienenlehrpfad direkt an der Argen beim »Klösterle« in Wangen (hinter Blumen Kaspar am Wehr - Parkplatz 17, Vorderes Ebnet).

Öffnungszeiten

ganzjährig zugänglich

Kurze Beschreibung

Neben dem Gewächshaus von Blumen Kaspar in Wangen beginnt der Lehrpfad beim »Bären«. Der Lehrpfad wurde im Frühjahr 2008 wieder aufgebaut und steht allen Interessierten zur Besichtigung zur Verfügung.

13 großflächige Tafeln geben Informationen zu den Bienen und Bienenprodukten. Außerdem erläutern Tafeln die Trachtpflanzen entlang des Pfades.

Einkehrmöglichkeit

Bezirksimkerverein Wangen im Allgäu e.V.
Epplingser Heide • 88239 Wangen
E-Mail: bienenroland@freenet.de
www.imker-wangen.de

Foto: Rolland Frisch

19 Lechfall

Anfahrt/Lage

 Auf der B 17 von Füssen Richtung Tiroler Grenze, 700 m davor Parkplätze und Kiosk, Lechfall unmittelbar neben der Straße.
Nur wenige Meter vom Parkplatz zum »König-Max-Steg« absteigen

Öffnungszeiten

ganzjährig zugänglich

Kurze Beschreibung

Imposanter Wasserfall! Zunehmend eindrucksvoll nach Regen/Hochwasser. 5 Stufen mit 12 Meter Höhenunterschied. Südseitiger Blick von der Brücke auf den Schluchtanfang und dahinter das Lechtal. Enge Felsenschlucht nördlich davon. Hochwassermarken von 1901, 1910, letztes Hochwasser 2005. Bildnis Max II. in der Felswand.
Eines des schönsten Geotope Bayerns.

Einkehrmöglichkeit

Kiosk, Gasthäuser in der Nähe bzw. in Füssen

Besonderes

Romantischer Wanderweg: Bad Faulenbach - Lechfall - Alpenrosenweg - Alpsee-Schloss Hohenschwangau. Außerdem: Magnustritt - legendärer Fußabdruck des Hl. Magnus.

weitere Infos/Kontakt unter...

www.lechfall.de

Foto: Archiv

Anfahrt/Lage

Mit dem PKW nach Hopfen am See, nördlich von Füssen. Parken am westl. Ortsausgang, gegenüber der Kneippanlage 200m oberhalb der Straße, Parkplatz ausgewiesen. Vom P ausgeschildert, in einem Bogen durch den lichten Wald auf zur Burgruine Hopfen (25 min.).

Öffnungszeiten

frei zugänglich

Kurze Beschreibung

Leichte Wanderung, hervorragende Aussicht auf den zu Füßen liegenden Hopfensee, den schönen Ort Hopfen, darüber hinweg auf die Ostallgäuer Alpen (Hochplatte, Säuling, Ruine Falkenstein, Tannheimer Gruppe, Breitenberg, Aggenstein) und die Voralpenlandschaft nördlich von Pfronten.

Einkehrmöglichkeit

genügend Einkehrmöglichkeiten an der Strandpromenade von Hopfen (»Riviera des Ostallgäus«)

Besonderes

Von der Burgruine führen mehrere Wanderwege ab, z. B. nach Rieden am Forggensee, Enzensberg oder zur Alpe Beichelstein.

weitere Infos/Kontakt unter...

Touristen Information • Am Burgplatz • 87629 Hopfen
Tel. 08362 / 7458 • Fax 08362 / 39978
www.fuessen-hopfen.de

Foto: Hopfen am See

21 Marienbrücke

Anfahrt/Lage

 P Fahrt nach Hohenschwangau zum Parkplatz vor dem Alpsee (kostenpflichtig, 4,50 €). Zu Fuß über Weg 35 »Rodelbahn« zur Marienbrücke (35 Min.).

Öffnungszeiten

frei zugänglich

Kurze Beschreibung

Einen kurzen Fußmarsch vom berühmten Schloss Neuschwanstein entfernt, bietet sich von der Marienbrücke eine der schönsten Aussichten im Ostallgäu.
Zuerst das Schloss von seiner Schokoladenseite, anschließend der Tiefblick Richtung Füssen, Alpsee, Schwansee und Schloss Hohenschwangau.

Einkehrmöglichkeit

Am besten in Hohenschwangau, dort gibt es die meisten Möglichkeiten.

Besonderes

Gut verbinden lässt sich eine Wanderung zur Marienbrücke natürlich mit einem Besuch von Schloss Neuschwanstein.

weitere Infos/Kontakt unter...

Gemeindeverwaltung Schwangau, Informationsstelle Hohenschwangau • Münchener Str. 2 • 87645 Schwangau
Tel. 08362 / 819765 • Fax 08362 / 8198-25

Foto: Archiv

Anfahrt/Lage

Von Norden kommend über Isny und Maierhöfen in Richtung Grünenbach bis zur Argentalbrücke. Vom Bodensee kommend über Wangen und Lindenberg nach Röthenbach. Von dort nach Grünenbach weiter bis zu Eistobel.

Parkplätze am Infopavillon Argentobelbrücke und in Schüttentobel (Wanderparkplatz).

Öffnungszeiten

frei zugänglich

Kurze Beschreibung

Ein unvergessliches Erlebnis ist ein Besuch der Eistobelschlucht zwischen Oberstaufen und Isny. Auf 3,5 km führt ein gut gesicherter Pfad durch eine Märchenwelt aus Schnee und Eis: rauschende Wasserfälle und tiefe Strudellöcher, riesige Gesteinsblöck und gewaltige Felswände. Bestaunen Sie die seltene Tier- und Pflanzenwelt und erleben Sie Erdgeschichte zum Anfassen.

Im Winter ist der Eistobel offiziell gesperrt, die Wegen werden in dieser Zeit weder geräumt noch gestreut. Neben angemessen warmer Kleidung sind folglich gute Wanderschuhe, am besten in Vergindung mit Grödel oder Steigeisen, ein Muss.

Besonderes

Erleben Sie den Eistobel bei einer kulinarischen Führung durch die Schlucht. Bei Interesse erhalten Sie Informationen bei den Gästeämtern der Anrainergemeinden.

weitere Infos/Kontakt unter...

www.eistobel.de

Foto: Archiv

23 Walderlebniszentrum

Anfahrt/Lage

Adresse siehe unten.
Das Walderlebniszentrum liegt an der B17
von Füssen aus in Richtung Reutte.

Öffnungszeiten

Außengelände: jederzeit zugänglich
Ausstellungsräume: Mai - Oktober: Mo. - So. 10 - 17 Uhr
Oktober - April: Di. - Do. 10 - 18 Uhr, Fr. 10 - 14 Uhr
April - November: tägl. 10 - 16 Uhr
Dezember - März: Di - Do 10-16 Uhr, Fr. 10 - 13 Uhr

Kurze Beschreibung

Erkunden Sie den Lebensraum Wald zwischen dem Wildfluss
Lech und den Steilhängen des Allgäuer Bergwaldes. Anhand
von informativen Ausstellungen und auf dem vielfältigen Außengelände können die Besucher viel Neues zu Wald, Natur
und den Bergen entdecken. Und das sowohl auf deutschem
als auch auf österreichischem Boden.
Mit unterschiedlichen Führungen und der Möglichkeit, Kindergeburtstage zu feiern, wird das umfangreiche Angebot
komplettiert.

Besonderes

Für Juni 2013 ist die Eröffnung des neuen »Baumkronenpfa-
des« geplant.

weitere Infos/Kontakt unter...

Walderlebniszentrum • Tiroler Str. 10 • 87629 Füssen
Tel. 08362 / 93875-50 • www.walderlebniszentrum.eu

Fotos: Walderlebniszentrum

Anfahrt/Lage

🅿 Von der A7 oder von Wertach kommend, erreichen Sie über Nesselwang den ersten Pfrontener Ortsteil Kappel. Am Ortsbeginn befindet sich rechts ein großer Parkplatz. Der Waldseilgarten ist in Kappel beschildert und rechtzeitig sichtbar.

Öffnungszeiten

April - Oktober: Mo. - Fr. 9 - 12 Uhr
Winter: Mo. - Fr. 9 - 12 Uhr

Kurze Beschreibung

Nervenkitzel pur erwartet Sie im Waldseilgarten Höllschlucht in Pfronten. 8 Parcours mit 75 abwechslungsreichen Aufgaben bieten ein unvergessliches Erlebnis und Spannung für die ganze Familie. Schwingend, balancierend, fliegend geht es von Baum zu Baum, über Netze, Brücken, schwankende Baumstämme oder mit Seilrutschen in rasanter Fahrt über den Wildbach. Das Risiko ist dabei minimal – der Erlebniswert umso höher.

Besonderes

Ein Erlebnis der ganz speziellen Art ist der sogenannte »Bogenparcours«, bei dem es mit Pfeil und Bogen auf eine Runde mit 13 3D-Zielen geht.

weitere Infos/Kontakt unter...

Waldseilgarten Höllschlucht • Bgm.-Franz-Keller-Straße
87459 Pfronten-Kappel • Tel. 08363 / 9259896
www.waldseilgarten-hoellschlucht.de

Foto: Waldseilgarten Höllschlucht

Anfahrt/Lage

Direkt an der A 96 München - Lindau. Ausfahrt Bad Wörishofen. Am Kreisverkehr bitte die 2. Ausfahrt nehmen und ca. 1,5 km der Straße parallel zur Autobahn folgen. Adresse: Im Hartfeld 1, 86825 Bad Wörishofen.

Öffnungszeiten

Sommer: 09 - 19 Uhr
Frühling/Herbst: 09.30 - 17 Uhr
Vollständiger Fahrbetrieb ab 10 Uhr.
Witterung kann Einfluss auf Öffnungszeiten nehmen.

Kurze Beschreibung

Egal ob Klein oder Groß, im Skyline Park ist für jeden etwas geboten. Insgesamt 50 Attraktionen wollen entdeckt werden und garantieren so einen rundum gelungenen und unvergesslichen Tag. Der Skyline Park ist ideal für Familien, da die meisten Fahrgeschäfte von allen Familienmitgliedern gemeinsam genossen werden können!

Einkehrmöglichkeit

Das reichhaltige gastronomische Angebot lässt keine Wünsche offen.

Besonderes

Eine Fahrt im Skywheel, der höchsten Über-Kopf-Achterbahn der Welt ist ein Erlebnis besonderer Art. Der Sky-Shot katapultiert die Besucher 90 Meter in die Luft und beim Sky-Circle geht´s mit rasanten 120 km/h in der Gondel durch die Luft.

weitere Infos/Kontakt unter...

Tel.: 01805 / 884 880
www.skylinepark.de • E-Mail: info@skylinepark.de

Foto: Allgäu Skyline Park

Anfahrt/Lage

 Adresse siehe unten. Sie erreichen Kaufbeuren über die B12 (Kempten – Buchloe), Ausfahrt Kaufbeuren.

Öffnungszeiten

Mo. - Do. 15.30 - 23 Uhr
Fr./Sa. 15 - 24 Uhr
So. 13 - 23 Uhr

Kurze Beschreibung

Wer Geschwindigkeit und Nervenkitzel mag, ist bei All-Kart in Kaufbeuren an der richtigen Adresse. Genießen Sie das extreme Rennfeeling auf einer der renommiertesten Kartbahnen Deutschlands.
Ob als Firmenevent, zum Kindergeburtstag oder einfach nur als Unternehmung mit Freunden. Ein Rennen im Kart ist immer ein Erlebnis.

Besonderes

Wer möchte, kann auch bei Amateur-Rennen seine Fahrkünste unter Beweis stellen.

weitere Infos/Kontakt unter...

Allgäuer Hallenkartbahn GmbH
Daniel-Kohler-Str. 2 • 87600 Kaufeuren
Tel.: +49 (0)8341 / 94959 • www.all-karte.de

Foto: All-Kart

Anfahrt/Lage

 Der Hochseilgarten im Vaude Fabrikverkauf liegt an der nahen Autobahn A7.
In der Schäfflerstraße 19 in 87629 Füssen.

Öffnungszeiten

Montag bis Samstag von 8.30 - 19 Uhr geöffnet

Kurze Beschreibung

230 Meter Flying Fox – das Abenteuer ruft!
Spring, hangel, kletter, schwing und balancier Dich durch unseren Klettergarten. Entdecke witzige und aufregende Kletterelemente drinnen und draußen, bei jedem Wetter. Bezwinge die Klapperschlange und erobere den Obstgarten, ehe Du mit dem fliegenden Teppich auf die Reise gehst. Du lernst auf Drachen zu reiten und Ziegen zu zähmen.
Mit dem 230 Meter langen Flying Fox wird Dich der Adler nie bekommen, denn Du bist schneller.

Besonderes

Unser Hochseilgarten ist mit dem modernsten Sicherungssystem ausgestattet, mit dem Kinder selbständig klettern und durchgehend gesichert sind. Möglich sind die Indoorparkours ab 1,40 m Körpergröße. Für die Kleinsten gibt es einen eigenen Spielebereich.

weitere Infos/Kontakt unter...

Tel. 08322 96550
www.hochseilgarten-fuessen.de

Foto: Hochseilgarten Füssen

Schwarzer Grat

Anfahrt/Lage

 Aus Richtung Insy nach Wengen. In der Nähe der Kirche abbiegen und nördlich über Mautstraße (3€) zur Alpe Wenger Egg.

Öffnungszeiten

frei zugänglich

Kurze Beschreibung

Tauchen Sie ein in die Natur- und Kulturgeschichte der Adelegg auf dem Erlebnisweg rund um den Schwarzen Grat. Während der Rundwanderung öffnen sich zahlreiche faszinierende Ausblicke auf Alpen, Alpenvorland und den Bodensee. Gleichzeitig informieren Tafeln über die Besonderheiten der Adelegg.

Der Weg garantiert ein Abenteuer für die ganze Familie: Nagelfluhwände, Aussichtsplattformen und Picknickmöglichkeiten zählen ebenso zu den Attraktionen wie der begehbare, 28 m hohe Aussichtsturm am Gipfel. Spielplatz mit Hängematten, Wippe, Kletterturm, und Nestschaukel laden zum Entspannen und Spielen ein.

weitere Infos/Kontakt unter...

Isny Marketing GmbH
Unterer Grabenweg 18 • 88316 Isny
Tel. 07562 / 97563-0 • E-Mail: info@isny-tourismus.de

Foto: Archiv

29 Walderlebnispfad Bannwald

Anfahrt/Lage

 Ausgangspunkt der Wanderung am Walderlebnispfad in Ottobeuren befindet sich am Parkplatz am Bannwald (Richtung Brüchlins).

Öffnungszeiten

frei zugänglich

Kurze Beschreibung

Auf einer erlebnisreichen Wanderung (2,8 km, 11 Stationen) erfahren die Besucher viel Wissenswertes und Informatives über die naturnahe Forstwirtschaft.
Durch den gepflegten Wald weisen Specht-Beschilderungen den Besuchern den Weg, der mit vielen Überraschungen gespickt ist.

Besonderes

Der Weg führt durch eine schönsten Waldregionen des Allgäus. An heißen Tagen bietet ein Spaziergang im Schatten der Bäume eine willkommene Abwechslung.

weitere Infos/Kontakt unter...

Touristikamt Kur & Kultur
Marktplatz 14
87724 Ottobeuren
Tel. 08332 / 921952
Fax 08332 / 921992
www.ottobeuren.de

Foto: Landratsamt Unterallgäu

30 Terra-Nostra- und Klobunzele-Weg

Anfahrt/Lage

Parkplatz Marktoberdorf Kuhstallweiher

Öffnungszeiten

frei zugänglich

Kurze Beschreibung

Der Förderverein Römerbad Marktoberdorf hat zwei Lehr-pfade angelegt: den Terra-Nostra-Weg (Erwachsene) und den Klobunzele-Weg (Kinder). Auf ein und derselben Route be-finden sich Informationstafeln rund um das Leben der Römer und das Leben im Wald. Die Stationen sind an denselben Stel-len, Erwachsene und Kinder somit zusammen unterwegs.

Besonderes

Für Erwachsene informiert der Terra-Nostra-Weg über his-torische und geologische Gegebenheiten der Umgebung; der Klobunzele-Weg dagegen ist mehr Erlebnis- als Lehrpfad und speziell für Kinder gemacht.

weitere Infos/Kontakt unter...

Stadt Marktoberdorf
Richard-Wengenmeier-Platz 1
87616 Marktoberdorf
www.marktoberdorf.de

TERRA NOSTRA

Klobunzele-Weg

Foto: Stadt Marktoberdorf

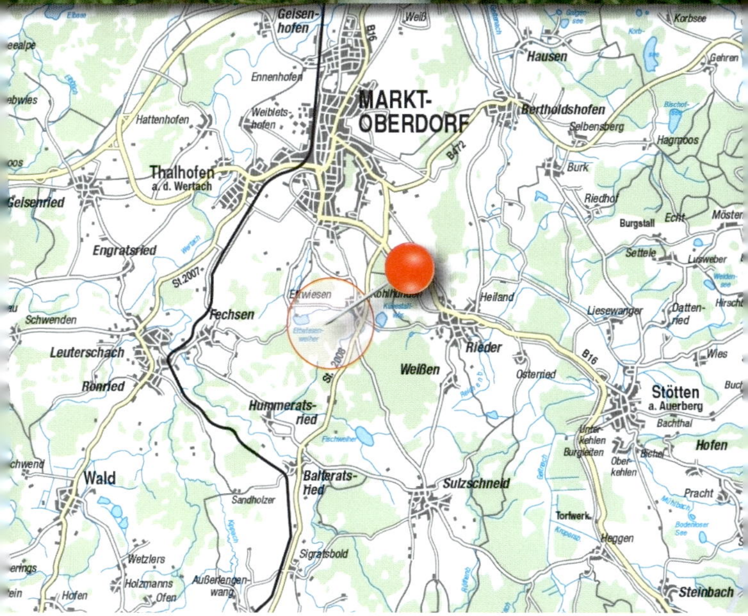

31 Moos-Erlebnis-Pfad

Anfahrt/Lage

 P Ortsmitte von Stötten am Auerberg, am Kirchplatz mit Parkmöglichkeit und Gasthof.

Öffnungszeiten

frei zugänglich

Kurze Beschreibung

Ganz auf das unmittelbare Erleben der Allgäuer Moore ist der Moos-Erlebnis-Pfad in Stötten ausgerichtet. Spielerisch wird die hohe Bedeutung der Moore für den Arten- und Biotopschutz, für Boden und Klima, aber auch für den lebenswichtigen Wasserhaushalt und insbesondere für die Hochwasserrückhaltung herausgestellt.

Der Weg führt an den Westrand Stöttens, hinein in die Welt des Stöttener Mooses. 13 Stationen lassen den Spaziergang durch das Stöttener Moos zum Erlebnis werden und die Hektik des Alltags vergessen.

weitere Infos/Kontakt unter...

Gemeinde Stötten am Auerberg
Füssener Str. 11
87675 Stötten a.A.
Tel. 08349 / 9204-0
Fax 08349 / 9204-20

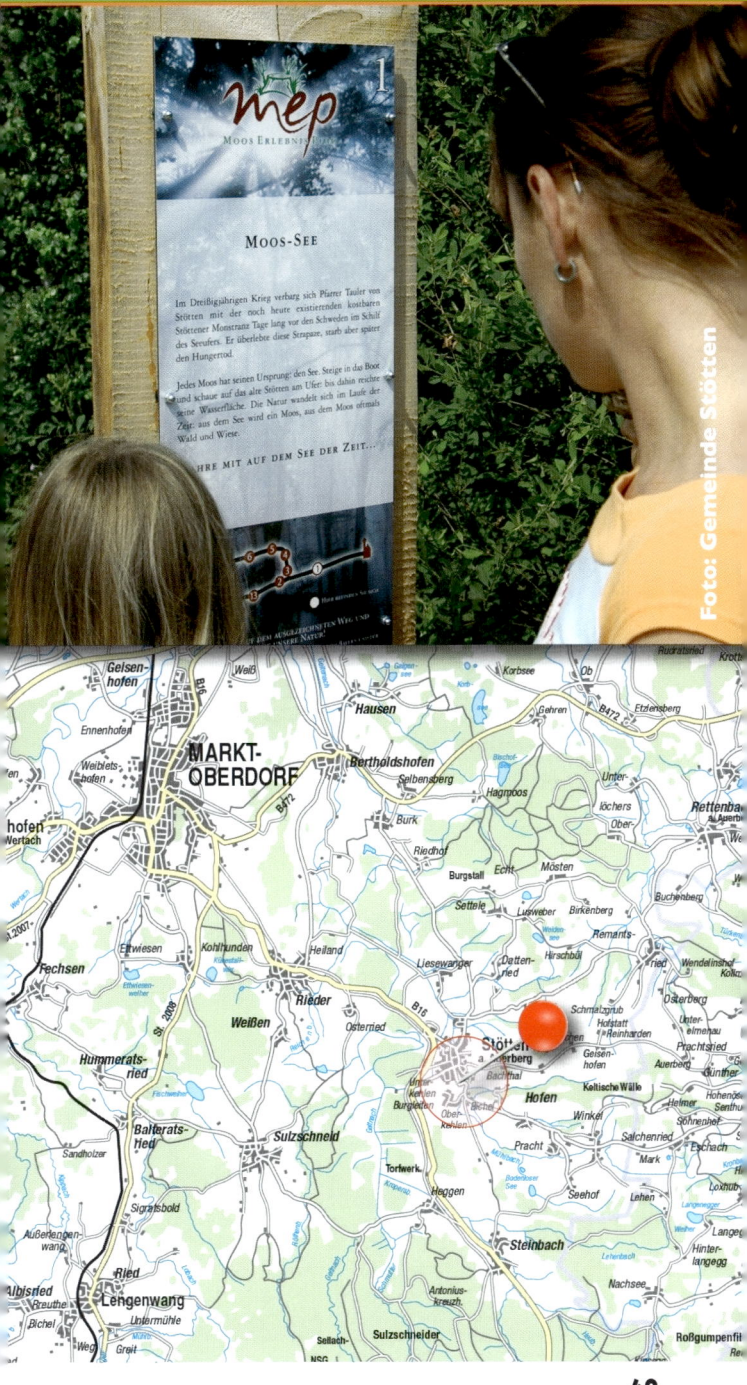

Foto: Gemeinde Stötten

32 Görisried
Naturerlebnispfad

Anfahrt/Lage

🅿 Ausgangspunkt ist die Ursula-Kapelle am Ortsrand von Görisried Richtung Stadels/Wildberg. Parkplatz direkt vor Ort. In der Waldbachstraße vor der Brücke der Beschilderung folgen. Der Pfad beginnt nach ca. 200 m links.

Öffnungszeiten

frei zugänglich

Kurze Beschreibung

An den einzelnen Stationen des Naturerlebnispfads in Görisried gibt es viel Neues und Spannendes zu entdecken. Nicht nur Kinder können dabei etwas über den Wald und die Natur lernen. Ob man in einer Hängematte die Seele baumeln lässt, den Gerüchen und Geräuschen des Waldes nachspürt oder die Füße im klaren Bachwasser erfrischt, ein Spaziergang auf dem Pfad bietet der ganzen Familie eine Atem- und Ruhepause inmitten der Natur.
Eine besondere Attraktion ist der Hängesteg über die Wertach zwischen Görisried und Wald.

weitere Infos/Kontakt unter...

Gemeinde Görisried
Kirchplatz 8 • 87567 Görisried
Tel. 08302 / 9723 • Fax 08302 / 9724

Fotos: Gemeinde Görisried

33 Sagenhafter Weg

Anfahrt/Lage

Biessenhofen erreicht man von der B12 (Kempten - Buchloe) aus, Ausfahrt Biessenhofen.
Start für jede Tour ist Biessenhofen / Ortsmitte.

Öffnungszeiten

frei zugänglich

Kurze Beschreibung

Der Sagenhafte Weg umfasst vier familienfreundlichen Fahrradtouren mit »Erlebniseffekt« von Aitrang - Ruderatshofen – Ebenhofen - Biessenhofen - Bernbach bis nach Bidingen. durch die Allgäuer Natur. Zu den ausgewiesenen »Sagenplätzen« mit Rastmöglichkeiten werden jeweils heimische Sagengeschihten erklärt. Die verschiedenen Touren können jeweils auch miteinander verbunden werden.
Die verschiedenen Routen:
  • Route Aitrang, Länge 15 km
  • Route Ruderatshofen, Länge 17 km
  • Route Biessenhofen, Länge 17 km
  • Route Bidingen, Länge 16 km

weitere Infos/Kontakt unter...

Verwaltungsgemeinschaft Biessenhofen
Füssener Str. 12 • 87640 Biessenhofen
Tel. 08341 / 9365-0

Foto: Veranstaltungsgemeinschaft Biessenhofen

Anfahrt/Lage

 Das Burgmoos befindet sich am westlichen Ortsrand von Kißlegg. Parkmöglichkeiten am Parkplatz Freigelände St. Anna.

Öffnungszeiten

frei zugänglich

Kurze Beschreibung

Entlang von Wiesen- bzw. Waldwegen und Bohlenpfaden führt der 2,5 km lange Erlebnispfad durch das Burgermoos bei Kißlegg. 10 Stationen informieren hier über die Lebensräume Bach, Wald und Moor. Auch die Entstehung des Moores und die Geschichte des Torfabbaus werden beschrieben.
Kinder werden spielerisch von Kreuzotter Otti zum Entdecken der Natur aufgefordert.
Auf Anfrage werden auch Führungen veranstaltet.

weitere Infos/Kontakt unter...

Gäste- und Bürgerbüro Kißlegg
Neues Schloss • 88353 Kißlegg
Tel. 07563 / 936-142 • Fax 07563 / 936-199
www.kisslegg.de • E-Mail: tourist@kisslegg.de

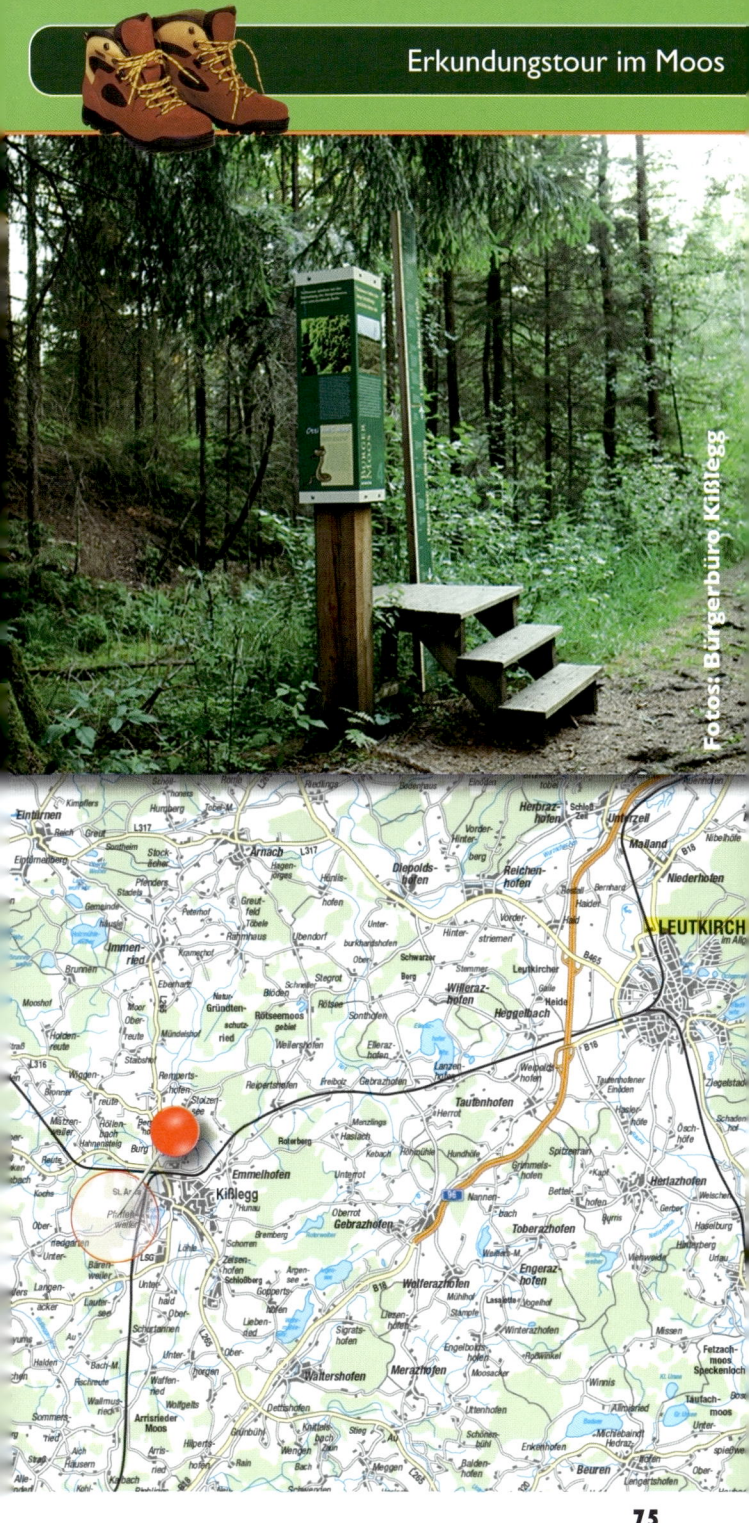

Fotos: Bürgerbüro Kißlegg

35 Walderlebnispfad

Anfahrt/Lage

🅿 Parkplatz beim großen Buxheimer Weiher.
Der Pfad beginnt in unmittelbarer Nähe, direkt nach der Buxachbrücke.

Öffnungszeiten

frei zugänglich

Kurze Beschreibung

Auf dem Buxheimer Walderlebnispfad kann man die Natur und den Wald mit allen Sinnen erleben. Langweilig wird es auf dem 2,7 km langen Pfad um den Waldweiher Wald führt, garantiert nicht. Den Weg weisen zahlreiche Schilder mit einem Kartäusermönch.

weitere Infos/Kontakt unter...

Gemeinde Buxheim
Kirchplatz 2
87740 Buxheim
Tel. 08331 / 9770-0
Fax 08331 / 9770-70
E-Mail: info@buxheim.de

Fotos: Buck

Anfahrt/Lage

Die Alpe liegt an der Senkelehöhe zwischen Seeg und Hopferau. Zwei Aufstiegsmöglichkeiten:
Von Hopferau aus nach Unterlangegg, 500 m westlich davon beschilderte Abzweigung nach rechts.
Von Seeg aus südlich über Gsöllen Richtung Unterlangegg, 500 m vorher Abzweigung nach links.

Öffnungszeiten

tgl. ab 11 Uhr, Mittwoch Ruhetag
Betriebsurlaub beachten!

Kurze Beschreibung

Die Alpe Beichelstein ist eine gut zu erreichende Alpe mit herrlicher Aussicht in die Ostallgäuer Alpen. Ein Fahrweg führt bis zur Hütte, von der Alpe aus bieten sich zahlreiche schöne Wandermöglichkeiten.

Einkehrmöglichkeit

Verwöhnt werden die Gäste mit kalten und warmen regionalen Gerichten.

weitere Infos/Kontakt unter...

Cornelia und Engelbert Hipp
Beichelstein 1 • 87637 Seeg
Tel. 08364 / 397 • Fax 08364 / 986120
www.alpe-beichelstein.de

Foto: Alpe Beichelstein

Anfahrt/Lage

Der Landgasthof befindet sich ca. 5 km vom Ortskern von Pfronten Richtung Tannheimer Tal im ruhigen, sonnigen und romantischen Achtal.

Öffnungszeiten

Juli, August, September; Donnerstag Ruhetag
Küche: 11.30 - 20 Uhr

Kurze Beschreibung

Der Gasthof ist ein idealer Ausgangspunkt für zahlreiche Wanderungen und Bergtouren. Mit Kinderspielplatz, Streichelzoo, Sonnenterrasse und regionaler Küche ist ein Besuch des Gasthofes immer lohnend.
Begünstig wird der Aufenthalt durch die waldreiche Umgebung und die heilklimatisch gute Hochlage.

Einkehrmöglichkeit

Die gemütlich-rustikal eingerichteten Gasträume und der große Garten laden zum Verweilen ein.
Von deftigen Allgäuer Brotzeiten bis zu erlesenen Speisen sowie dem Besten aus dem Keller ist hier alles zu haben.

weitere Infos/Kontakt unter...

Fasthof Fallmühle
Achtalstr. 62
87459 Pfronten
Tel. 08363 / 481
Fax 08363 / 5562
E-Mail: info@fallmuehle.de
www.fallmuehle.de

Foto: Archiv

Anfahrt/Lage

Am Gipfel des Buchenberges oberhalb von Buching bei Halblech.

Am südlichen Ortsrand von Buching liegt die Talstation der Sesselbahn: entweder hochfahren oder Aufstieg zu Fuß auf der Fahrstraße.

Öffnungszeiten

Sommer und Winter: 9-17 Uhr
Rodelbahn: 10 - 17 Uhr

Kurze Beschreibung

Die Buchenberg Alm befindet sich ganz in der Nähe von Schloß Neuschwanstein. Wunderschön auf einem Aussichtsplateau in 1140 m Höhe gelegen, bietet die Buchenberg Alm einen grandiosen Blick auf die umliegenden Schlösser, Berge und Seen (13-Seen-Blick).

Der Aufstieg mit maximal 1 Stunde Gehzeit kann wahlweise auf Wander-, Bach-, Kulturen- oder Forstwegen erfolgen. Da sich die Alm inmitten eines Naturschutzgebietes befindet, ist die Auffahrt mit Privatfahrzeugen nicht erlaubt.

Eine leichtere Alternative bietet die Fahrt mit der Doppelsesselbahn, hier dauert der Austieg dann noch 14 Minuten.

weitere Infos/Kontakt unter...

Buchenberg Alm
Auf dem Buchenberg 1
87642 Halblech / Buching
Tel. 08368 / 940763 • Fax 08368/ 913668
E-Mail: buchenbergalm@aol.com
www.buchenberg-alm.de

Foto: Buchenberg Alm

Anfahrt/Lage

Vom Tannerheimer Ortsteil Schmieden aus auf der Forststraße zu Fuß oder mit dem Mountainbike leicht zu erreichen.

Alternative: von Tannheim aus mit der Gondelbahn auf das Neunerköpfle, schöner Fußweg.

Öffnungszeiten

Mitte Mai bis Ende Oktober (nach Witterung), kein Ruhetag

Kurze Beschreibung

In herrlicher Wander- und Aussichtslage liegende Sennalm mit uriger Hütte.

Zu Fuß von Tannheim-Schmieden (1 - 1 1/2 Stunden) oder ab Bergstation Neunerköpfle (20 Minuten) leicht erreichbar. Kinderspielplatz, hautnahe Tier- und Naturwelt. Almabtrieb jährlich am 21.9.

Einkehrmöglichkeit

In der gemütlichen Stube der Alpe werden deftige Brotzeiten, hausgemachte Kuchen, selbstgemachte Milchprodukte und vieles mehr serviert.

weitere Infos/Kontakt unter...

Sandro Grad und Sabine Müller
Unterhöfen 24 • A-6675 Tannheim
Tel. +43 / 676 / 5427820 • Fax +43 / 676 / 5129190
E-Mail: usseralpe@aon.at
www.tannheimertal.at/usseralpe

Foto: Usseralpe

Unsere *Allgäuer* Tierwelt

1 Sackhüpfen

Beim Sackhüpfen ist es wie bei allen Spielen, je mehr Mitspieler, um so lustiger geht es zu. Sackhüpfen kann fast überall, wo es eine ebene Fläche gibt, gespielt werden. Das Spiel gibt es schon lange und es wird mit unverminderter Begeisterung gespielt.

Man braucht dazu saubere Säcke, am besten gehen Jutesäcke, die man entweder bei Freunden ausleiht oder sich im Internet oder in Fachgeschäften besorgt. Auch alte Kaffeesäcke sind beliebt für dieses Spiel.

Alle Spiele sind dem Buch „Auf d'r Gass - Kinderspiele aus dem Allgäu" von Thekla Hafner entnommen.

Diese Spiele
können alle Kinder fast
überall spielen und auch
die Erwachsenen haben
ihre Freude daran!

Sackhüpfen kann auf verschiedene Arten gespielt werden.
Sind es nur wenige Kinder, dann wird eine Strecke abge-
steckt, die durchhüpft werden muss. Es ist darauf zu achten,
den Sack fest mit beiden Händen zu halten, er darf nicht
herunterrutschen.

Sind es mehrere Kinder, können zwei gleichgroße Mann-
schaften aufgestellt werden, die dann zu einem Slalomkurs
oder einem Hindernislauf starten.

Es gibt sicher noch eine ganze Menge Varianten, die Kinder
sich ausdenken können. Auch ein Stafettenhüpfen kann ein-
gebaut werden. Wer fehlerfrei durchs Ziel kommt, ist der
Sieger.

Hier ist es am besten, wenn viele Kinder und auch gerne die Eltern mitspielen. Dann macht es besonders viel Spaß.

Alle stellen sich in einiger Entfernung von einer Mauer, einem Tor oder einer Holzbeig, hinter einer Trennlinie auf, die mit Kreide aufgezeichnet oder mit Stoffbändern, Zweigen oder ähnlichen Dingen ausgelegt wird.

Durch Auslosen wird der „Ochs" bestimmt. Er steht mit dem Gesicht zur Wand und ruft ganz laut: „Eins, zwei, drei, vier – Ochs am Berg". Dabei dreht er sich mal ganz langsam, dann wieder ganz schnell um.

Sobald er anfängt zu zählen, müssen die Mitspieler versuchen, möglichst nahe an ihn heranzukommen.
Sie müssen allerdings sofort bewegungslos stehenbleiben, sobald der „Ochs" den Spruch beendet hat und sich umdreht. Bewegt sich ein Spieler noch, muß er hinter die Trennlinie zurück.

Wer als Erster den Ochs erreicht hat und ihn abschlägt, ist der Sieger und darf „Ochs" sein. Es ist lustig zuzusehen, in welcher Pose so mancher stehen bleibt, besonders die Erwachsenen geben die komischsten Figuren ab.

Susis
Schnellgalge-Tipp:
Umso fester man
auf das Brett springt,
umso höher fliegt
der Ball.

Foto: Monika Läufle

In ein etwa 2 m langes und etwa 30 cm breites Brett wird auf eine Seite eine Vertiefung hineingeschnitzt. So kann man einen Ball oder einen Lehmbollen hineinlegen, ohne dass er wegrollt.

Nun legt man das Brett auf einen etwa 50 cm breiten Balken. Das Brettende mit der Vertiefung liegt dabei auf den Boden auf und man legt den Ball in die Vertiefung.

Alle Kinder springen nun eines nach dem anderen auf das freie Brettende und schleudern so den Ball hoch.

Der Ball soll entweder von den anderen aufgefangen werden, oder aber es wird markiert, wo der Ball hingefallen ist.

Die Höhe wird durch die Vehemenz des Aufsprungs erreicht.

Hier sollten es mindestens fünf Spieler sein. Der Kaiser wird durch einen Auszählvers ermittelt, z.B.: „Ich und du, Müllers Kuh, Müllers Esel, der bist du".

Ist der Kaiser bestimmt, geht es weiter. Eine Trennlinie, hinter welcher die Spieler stehen, sollte gute zehn Meter vom Kaiser entfernt sein. Der steht an der Wand und hört sich die Bitten seiner „Untertanen" an: „Kaiser, wieviel Schritte schenkst du mir?" Der Kaiser antwortet gnädig etwa so: „Zwei Riesenschritte oder drei Trippleschritte (Hennedäpele)".

Die Spieler müssen nun versuchen, den Kaiser zu überlisten, indem sie statt der erlaubten drei Trippelschritte Riesenschritte machen, um ihn möglichst schnell zu entthronen. Merkt der Kaiser, dass man ihn betrogen hat, müssen die Untertanen wieder zum Ausgangspunkt zurück. Wer aber den Kaiser überlisten kann und ihn mit einem Satz über den letzten Meter entthront, darf seine Regentschaft übernehmen.

Der „alte" Kaiser mischt sich dann unters „Volk". Je mehr Spieler es sind, umso schwieriger ist es für den Kaiser, alle im Auge zu behalten und zu überprüfen, ob seine Befehle eingehalten werden. Der Trick bei dem Spiel ist es, den Kaiser genau zu beobachten, wohin er gerade schaut, um dann buchstäblich unter seinen Augen vorzupreschen.

Auf die Plätze, fertig, los....

Ein etwa 30 cm hoher Holzstumpf oder -stecken wird auf den Boden gestellt. Er sollte von selbst stehen bleiben und nicht zu leicht, aber auch nicht zu schwer umzuwerfen sein. Das Holzstück ist die Gaiß, die umgeworfen werden muss.

Die Kinder wählen dann ein Kind als Gaißar aus. Die anderen Kinder „bewaffnen" sich mit einem kurzen Holzstecken. Nun stellen sich alle Kinder hinter einer ausgelegten Trennlinie auf. Dann versuchen die Spieler ihren Holzstecken zu werfen, um die Gaiß zu treffen damit diese umfällt.

Trifft eines der Kinder die Gaiß, rennen alle Kinder los, um ihren geworfenen Holzstecken zurück zu holen. Der Gaißar rennt zeitgleich auch los und versucht, die Gaiß wieder aufzustellen. Hat der Gaißar die Gaiß aufgestellt, versucht er, eines der anderen Kinder „abzuklatschen" (mit einem Stups berühren), bevor sie sich hinter der Trennlinie in Sicherheit gebracht haben.

Hat der Gaißar es geschafft, ein Kind „abzuklatschen", ist dieses in der nächsten Spielrunde der Gaißar.

Geschicklichkeit, Wurfsicherheit und Schnelligkeit braucht es für dieses Spiel.

Fünf Kinder oder auch mehr stehen im Kreis um ein größeres Loch oder eine Vertiefung in einem weichen Boden herum. Jedes Kind hat sich seinen Platz markiert, der etwa 10 Meter vom Loch entfernt sein sollte. Eines der Kinder ist ohne festen Platz, man hat es ausgezählt und es muss versuchen, eine große Holzkugel, die von einem der Platzbesitzer in der Mitte des Spielfeldes geworfen wird, in das Loch zu treiben.

Die anderen versuchen ihn mit ihren Stecken von 1 bis 1,50 m Länge (je nach Größe des Spielers) daran zu hindern. Ist es dem Kind trotzdem gelungen, die Kugel in das Loch zu bringen, müssen alle Spieler versuchen, einen der markierten Plätze zu erreichen.

Da es bei fünf Spielern nur vier markierte Plätze gibt, scheidet das Kind aus, das keinen Platz bekommen hat. Dieses Kind ist dann in der nächsten Runde das Kind ohne festen Platz und das Spiel beginnt von vorne.

Foto: Monika Läufle

Früher spielten vor allem Buben solch ein wildes Spiel. Heute dürfen das natürlich auch Mädchen. Die zwei Mädchen auf der linken Seite versuchen das Mädchen mit den Zöpfen davon abzuhalten, die Holzkugel in das Loch zu treiben.

Man benötigt dazu drei Schpriegla (Holzscheite), einen Suchenden und ein paar sich versteckende Kinder. Das suchende Kind ist die Hexe. Sie stellt die drei Schpriegla zu einer Art Prisma auf. Dann schließt sie die Augen und zählt laut bis zu einer zuvor ausgemachten Zahl. In der Zeit haben die anderen Kinder Zeit sich zu verstecken. Dann sucht die Hexe die Kinder. Hat sie einen Spielkameraden entdeckt, nennen wir ihn Georg, rennt sie schnell zum Schpriegelhaus zurück, stellt den Fuß in den Hohlraum des Häuschens und ruft „Georg nicht frei!".
Das Häuschen darf dabei nicht umfallen. Nun ist Georg nicht mehr frei und wartet, bis die Runde vorbei ist.

Gelingt es Georg aber, vor der Hexe an das Schpriegelhaus zu kommen und es umzuschmeißen, dann sind alle Kinder frei und die Hexe muss in der nächsten Runde nochmals die Hexe sein. Die Kinder müssen nicht die ganze Zeit im Versteck bleiben, sondern dürfen umherlaufen. Sie dürfen sich nur nicht von der Hexe entdecken lassen. Die Hexe muss natürlich genau überlegen, wie weit sie sich traut, von dem Schpriegelhaus wegzugehen. Läuft sie weit weg, dann findet sie die anderen Kinder leichter. Aber umso leichter ist es für die anderen Kinder, das Schpriegelhaus umzuwerfen.

Hat die Hexe es geschafft, alle Kinder zu entdecken, dann ist das erste Kind, das sie ertappt hat, in der nächsten Spielrunde die Hexe. (Gelingt es dem Kind dreimal hintereinander nicht, alle Kinder zu ertappen, dann wird ein anderes Kind zur Hexe gewählt.)

Foto: Monika Läufle

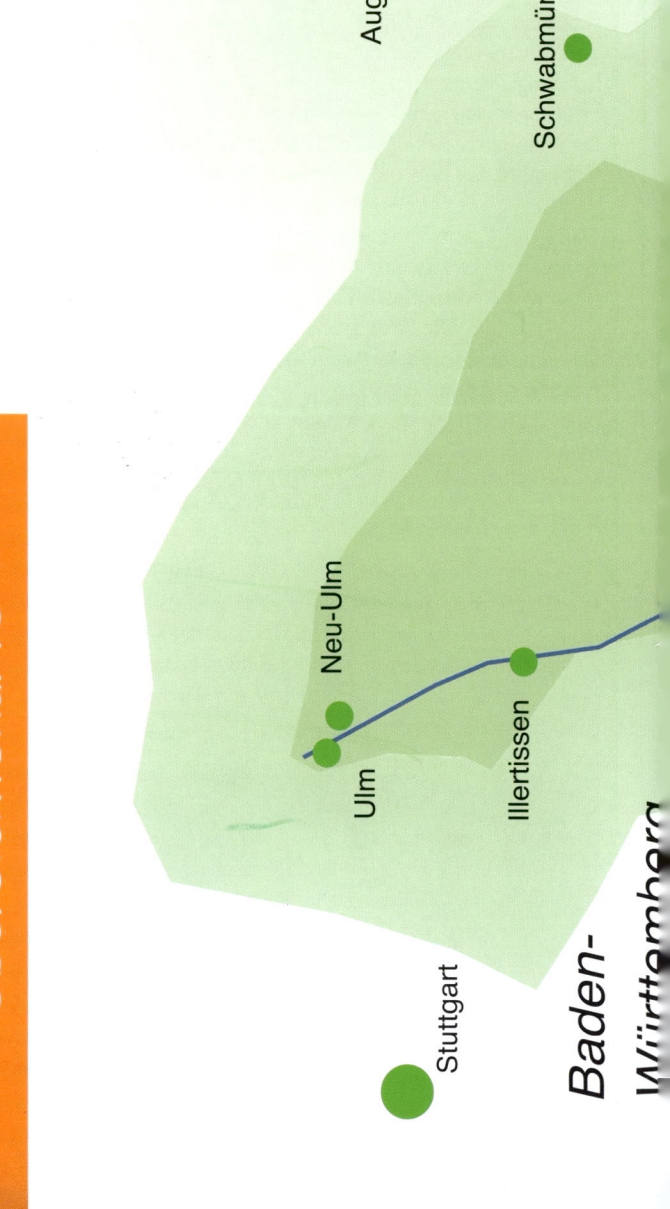

Augsburg

Schwabmünchen

Neu-Ulm

Illertissen

Ulm

Stuttgart

Baden-
Württemberg